Contraste insuffisant
NF Z 43-120-14

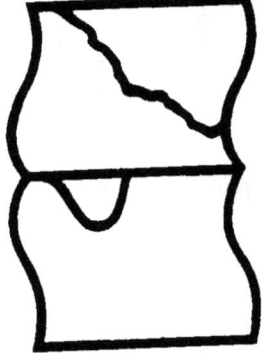

LA FORTIFICATION

A FOSSÉS SECS

PAR

A. BRIALMONT

COLONEL D'ÉTAT-MAJOR

Atlas.

BRUXELLES,

IMPRIMERIE MILITAIRE
E. GUYOT
rue de Pachéco, 12.

C. MUQUARDT
HENRY MERZBACH, successeur
libraire de la Cour et de S. A. R. le Comte de Flandre.
Même maison à Leipzig.

1872

V
©

LA FORTIFICATION A FOSSÉS SECS

PAR

A. BRIALMONT

COLONEL D'ÉTAT-MAJOR.

Atlas.

BRUXELLES,

IMPRIMERIE MILITAIRE
E. GUYOT
rue de Pachéco, 12.

C. MUQUARDT
HENRY MERZBACH, successeur
libraire de la Cour et de S. A. R. le Comte de Flandre.
Même maison à Leipzig.

1872

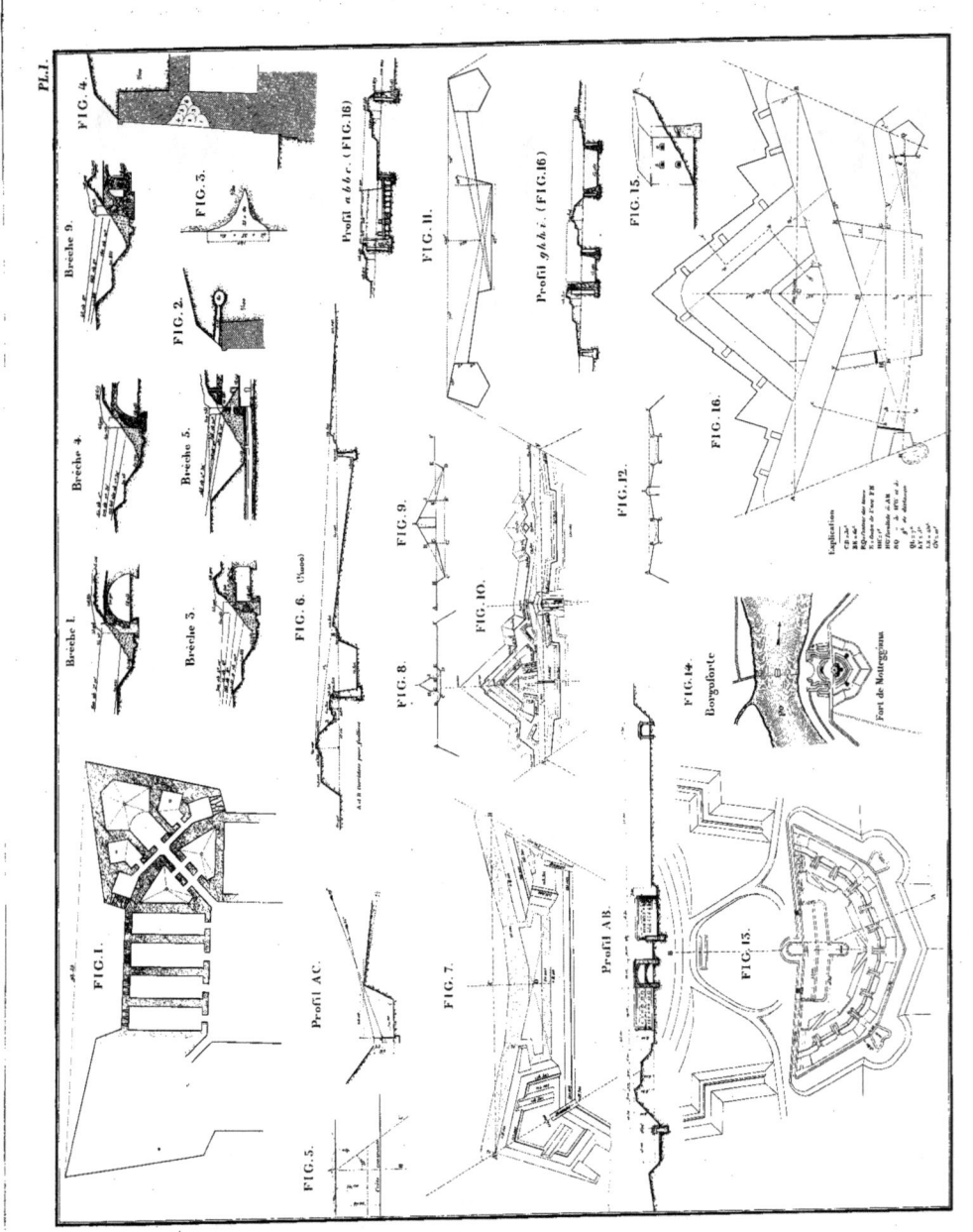

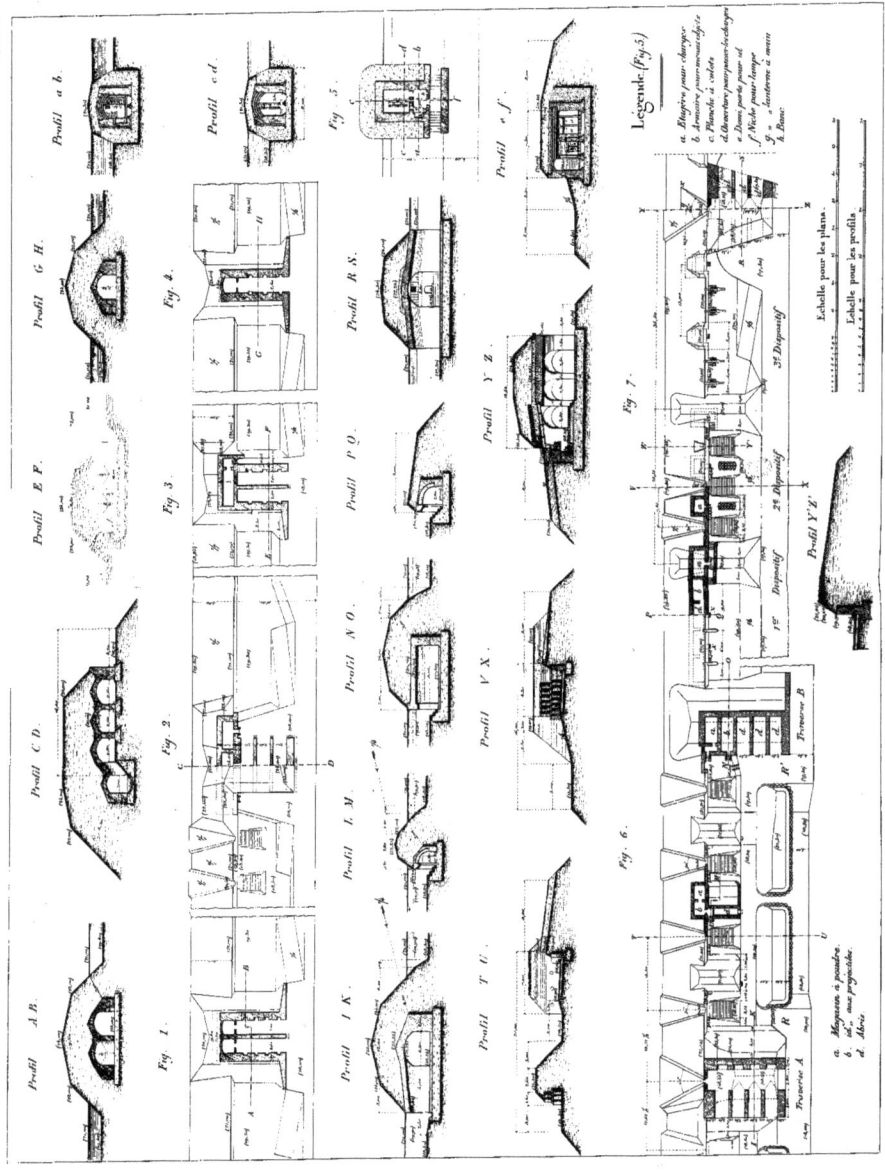

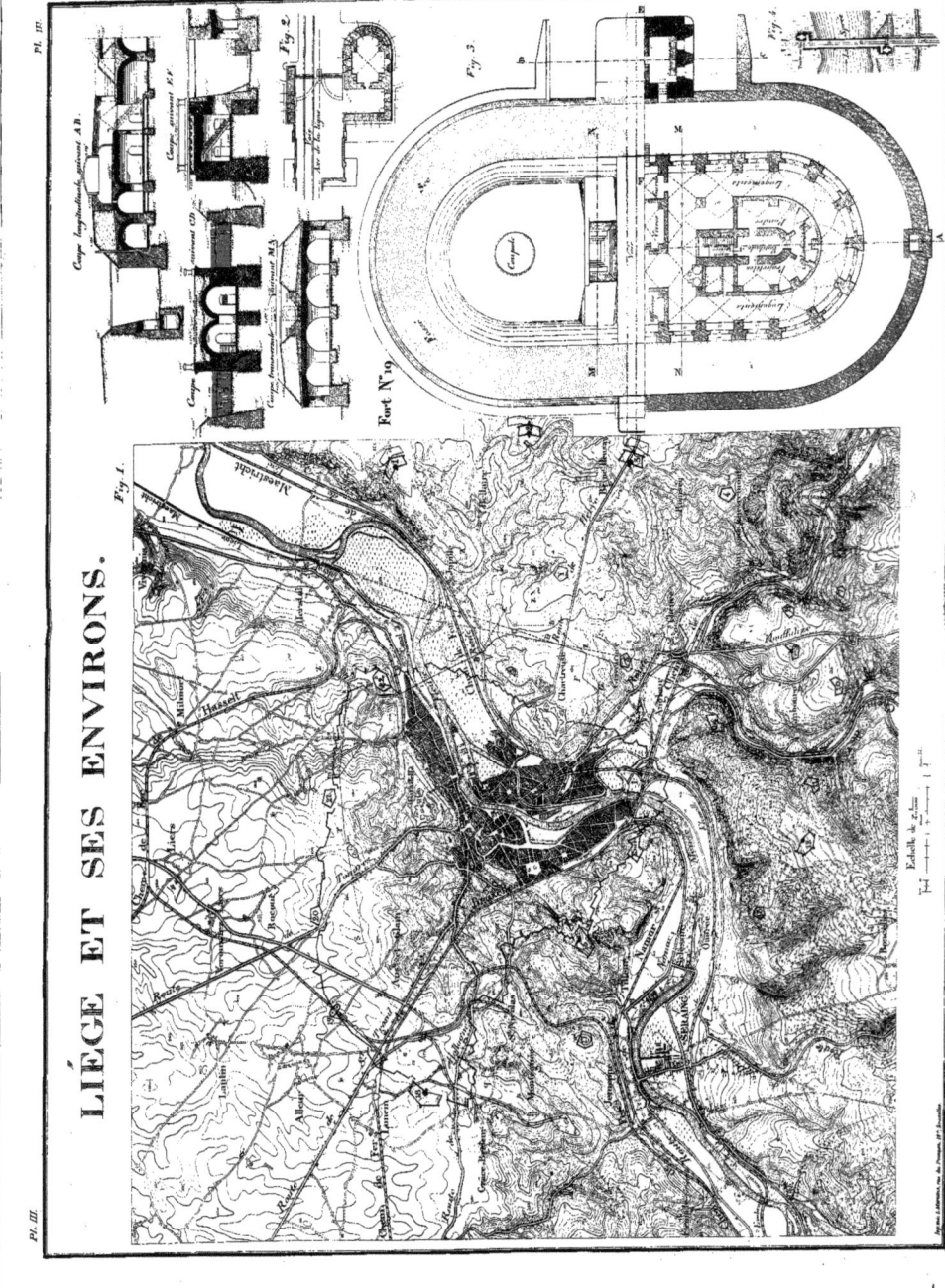

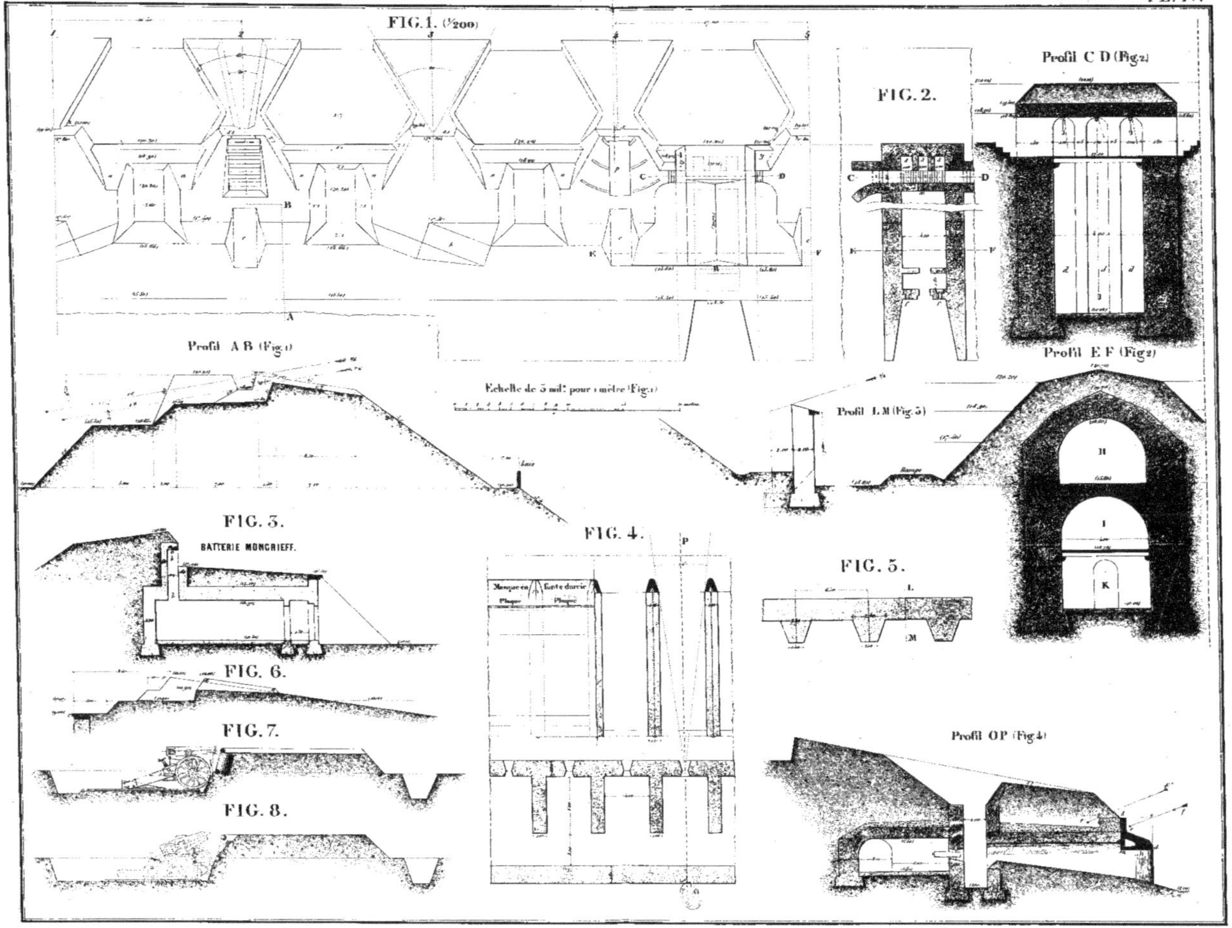
FIG. 1. (1/200)
Profil A B (Fig. 1)
Echelle de 5 mil. pour 1 mètre (Fig. 1)
FIG. 2.
Profil C D (Fig. 2)
Profil E F (Fig. 2)
Profil L M (Fig. 5)
FIG. 3.
BATTERIE MONCRIEFF.
FIG. 4.
Masque en fonte durcie
Plaque
Plaque
FIG. 5.
FIG. 6.
FIG. 7.
FIG. 8.
Profil O P (Fig. 4)

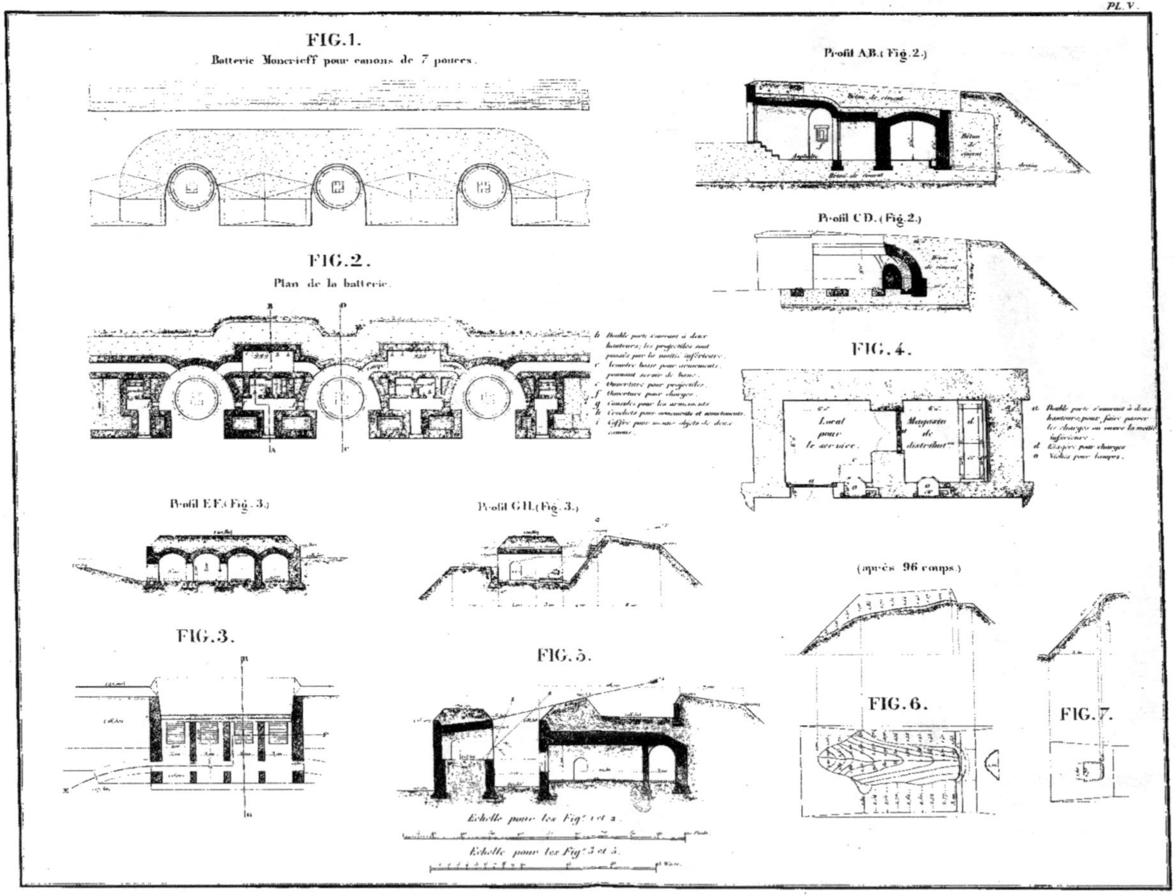
FIG. 1.
Batterie Moncrieff pour canons de 7 pouces.
FIG. 2.
Plan de la batterie.
b Double porte s'ouvrant à deux hauteurs; les projectiles sont passés par la moitié inférieure.
c Fenêtre basse pour armements, pouvant servir de banc.
e Ouverture pour projectiles.
f Ouverture pour charges.
g Consoles pour les armements
h Crochets pour armements et accoutrements.
i Coffre pour menus objets de deux canons.
Profil A.B. (Fig. 2.)
Profil C.D. (Fig. 2.)
FIG. 4.
Local pour le service.
Magasin de distribution.
a Double porte s'ouvrant à deux hauteurs pour faire passer les charges on ouvre la moitié inférieure.
d Étagères pour charges
o Niches pour lampes.
Profil E.F. (Fig. 3.)
Profil G.H. (Fig. 3.)
FIG. 3.
FIG. 5.
(après 96 coups.)
FIG. 6.
FIG. 7.
Échelle pour les Fig. 1 et 2.
Échelle pour les Fig. 3 et 5.

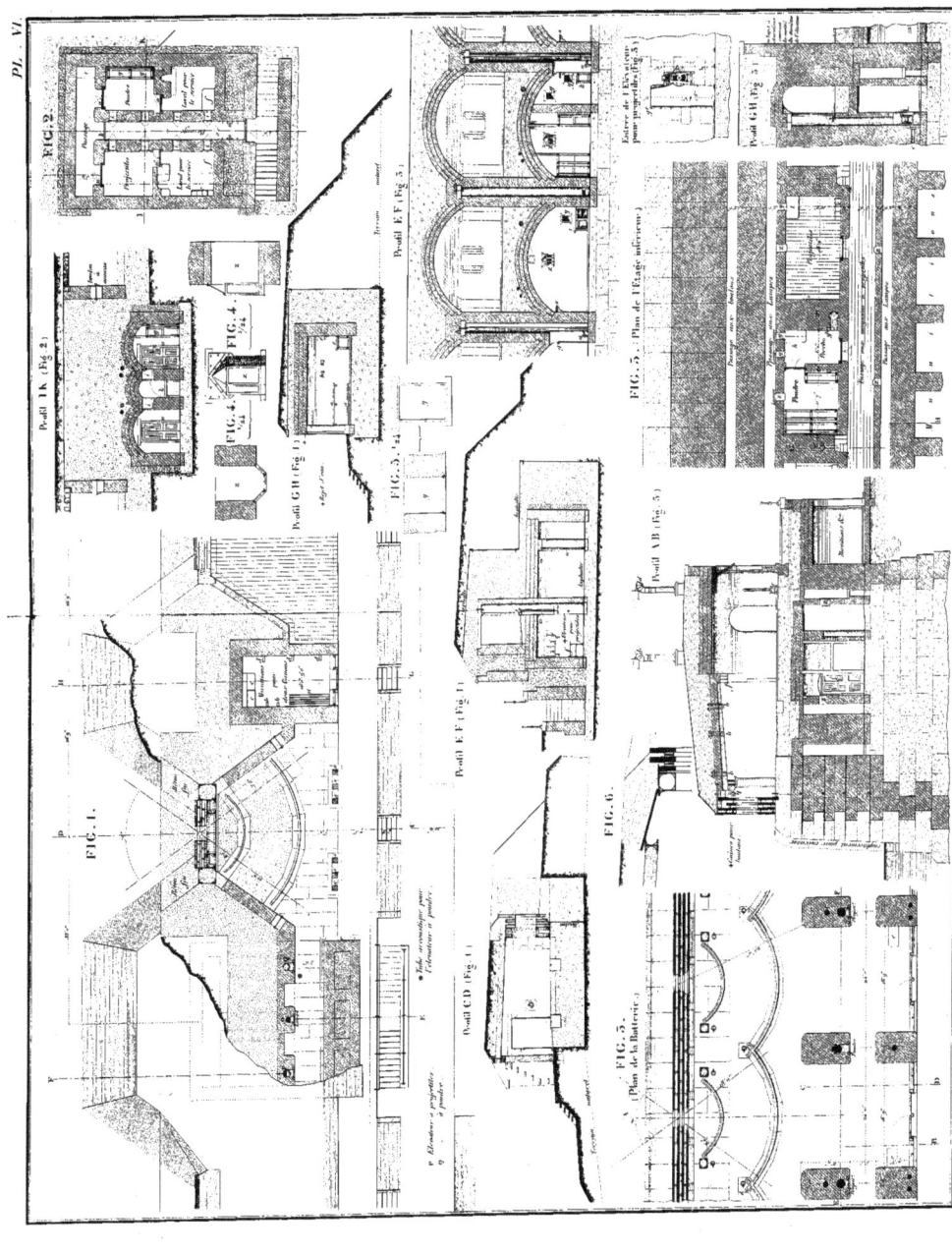

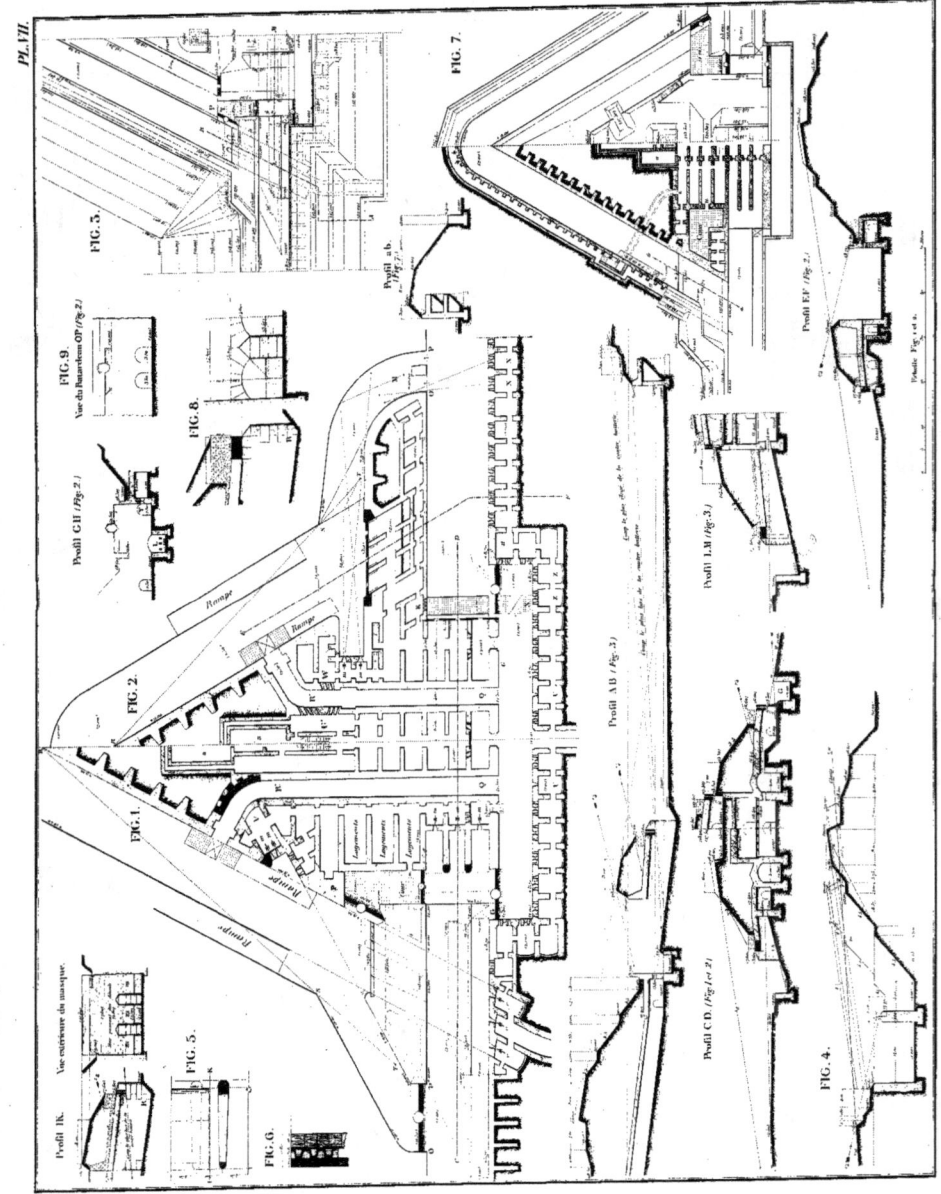

PL. VIII.

FIG. 2.

FIG. 4.

FIG. 1.

FIG. 3.

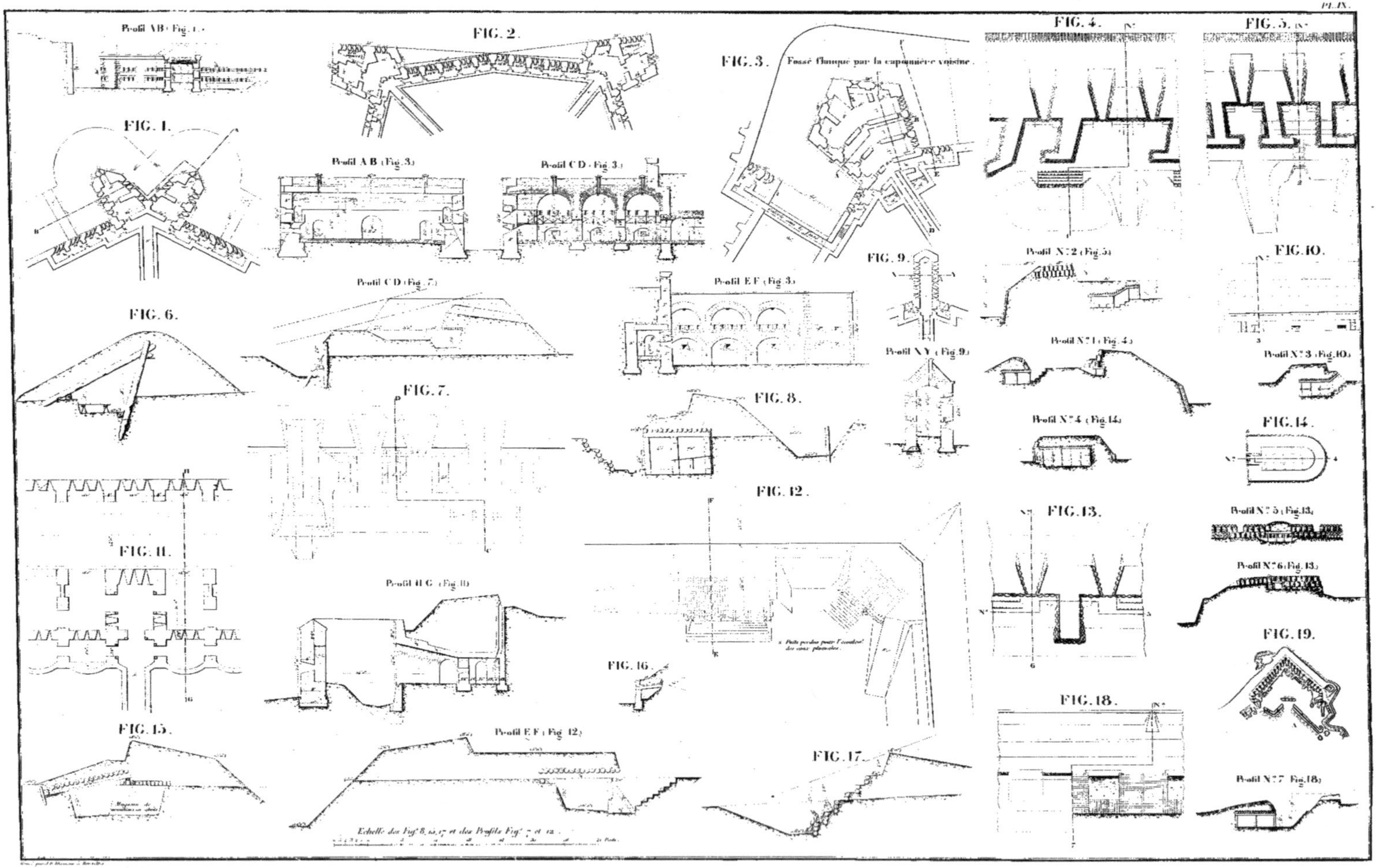
Profil AB (Fig. 1.)
FIG. 1.
FIG. 2.
Profil A B (Fig. 3.)
Profil C D (Fig. 3.)
FIG. 3.
Fossé flanqué par la caponnière voisine.
FIG. 4.
FIG. 5.
Profil N.° 2 (Fig. 5.)
Profil N.° 1 (Fig. 4.)
Profil N.° 4 (Fig. 14.)
FIG. 10.
Profil N.° 3 (Fig. 10.)
FIG. 14.
FIG. 6.
Profil C D (Fig. 7.)
FIG. 7.
Profil E F (Fig. 3.)
FIG. 8.
FIG. 9.
Profil X Y (Fig. 9.)
FIG. 11.
Profil H G (Fig. 11)
FIG. 12.
Puits perdus pour l'écoulement des eaux pluviales.
FIG. 16.
FIG. 13.
Profil N.° 5 (Fig. 13.)
Profil N.° 6 (Fig. 13.)
FIG. 19.
FIG. 15.
Profil E F (Fig. 12.)
FIG. 17.
FIG. 18.
Profil N.° 7 (Fig. 18.)
Echelle des Fig.s 8, 15, 17 et des Profils Fig.s 7 et 12.

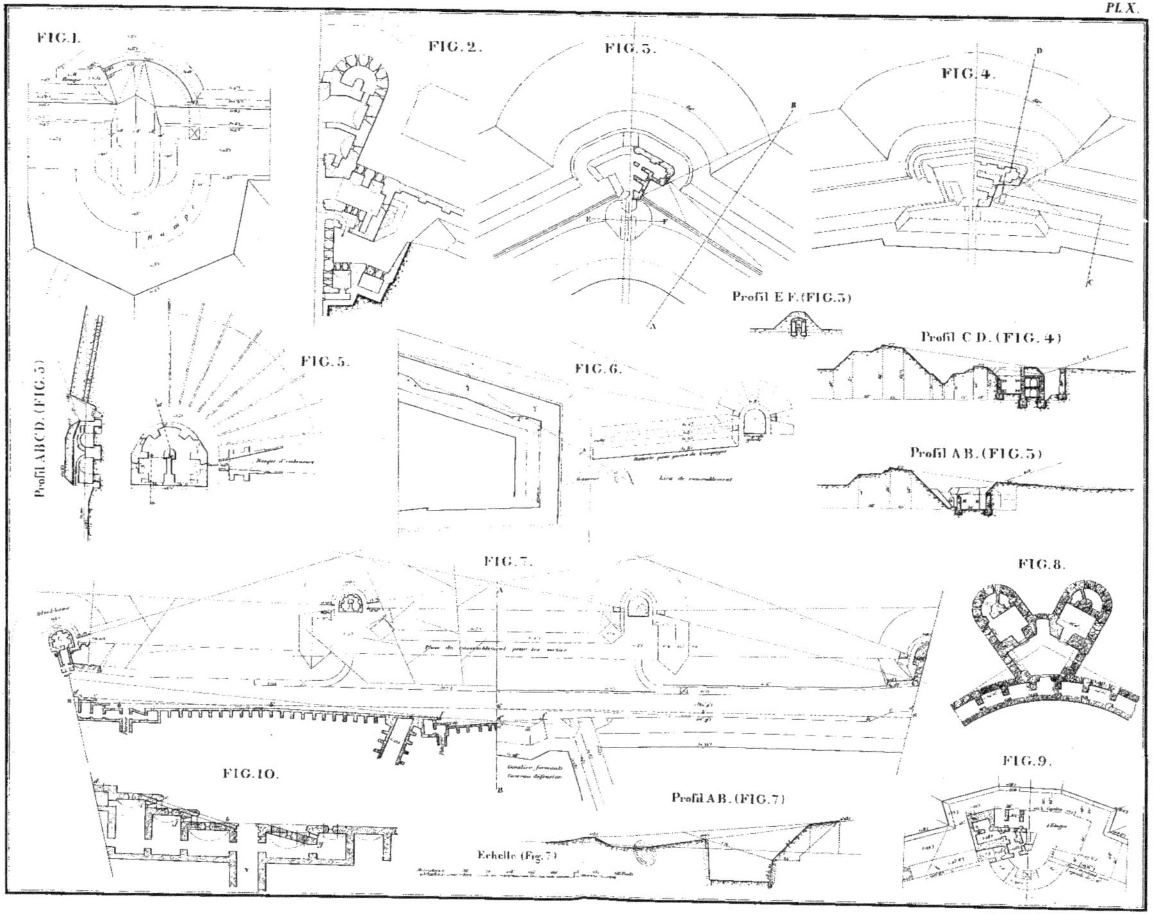
FIG. 1.
FIG. 2.
FIG. 3.
FIG. 4.
Profil E F. (FIG. 3)
Profil C D. (FIG. 4)
Profil A B. (FIG. 3)
Profil A B C D. (FIG. 5)
FIG. 5.
FIG. 6.
FIG. 7.
FIG. 8.
FIG. 9.
FIG. 10.
Profil A B. (FIG. 7)
Echelle (Fig. 7)

PL. XI.

Profil A B (1/300)
Profil C D (1/300)
Profil E F (1/300)
Profil G H I K (1/300)

FIG. 1.
FIG. 3.

Profil O P (1/300)
Profil L M (1/000)
Profil R S (1/000)

FIG. 2.

Echelle de plans

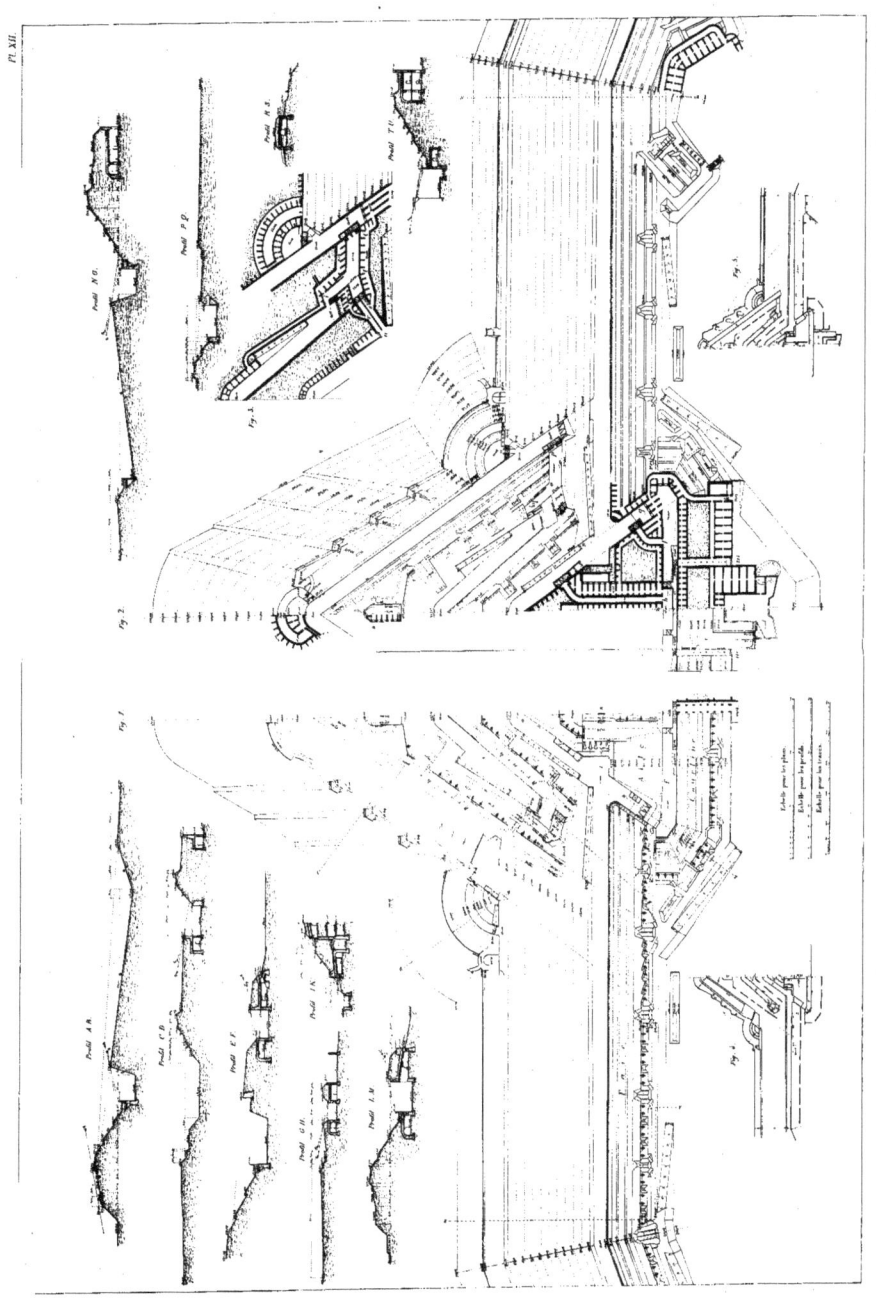

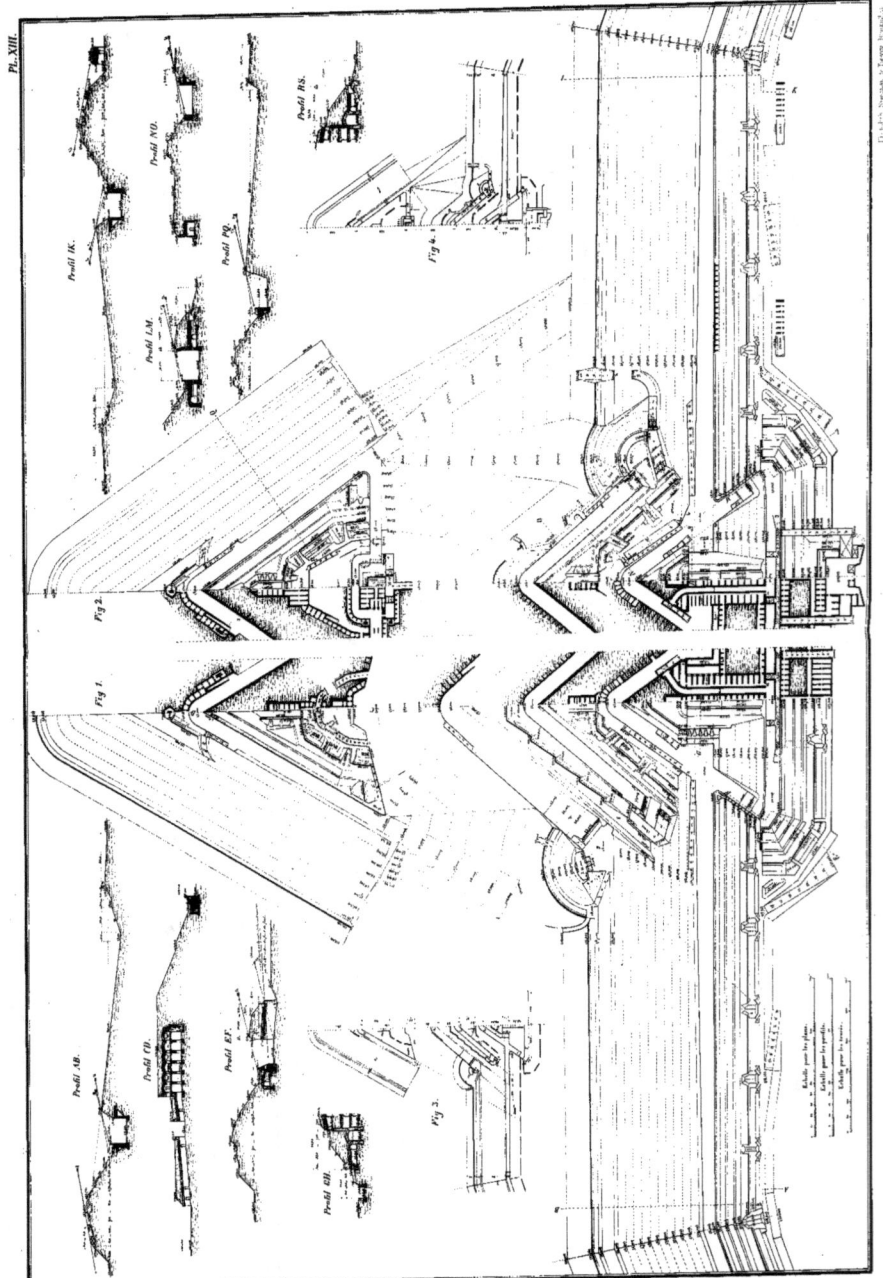

Pl. XIV

FIG. 3.

FIG. 5.

Profil PQ (¹/₁₀₀₀)

Profil CD (¹/₅₀₀)

Profil IK (¹/₅₀₀)

Profil LM (¹/₅₀₀)

FIG. 2.

Profil AB (¹/₅₀₀)

Profil GH (¹/₅₀₀)

Profil YZ (¹/₅₀₀)

FIG. 4.

Profil EF (¹/₅₀₀)

Profil NO (¹/₅₀₀)

FIG. 1.

Echelle des Plans (¹/₂₅₀₀)

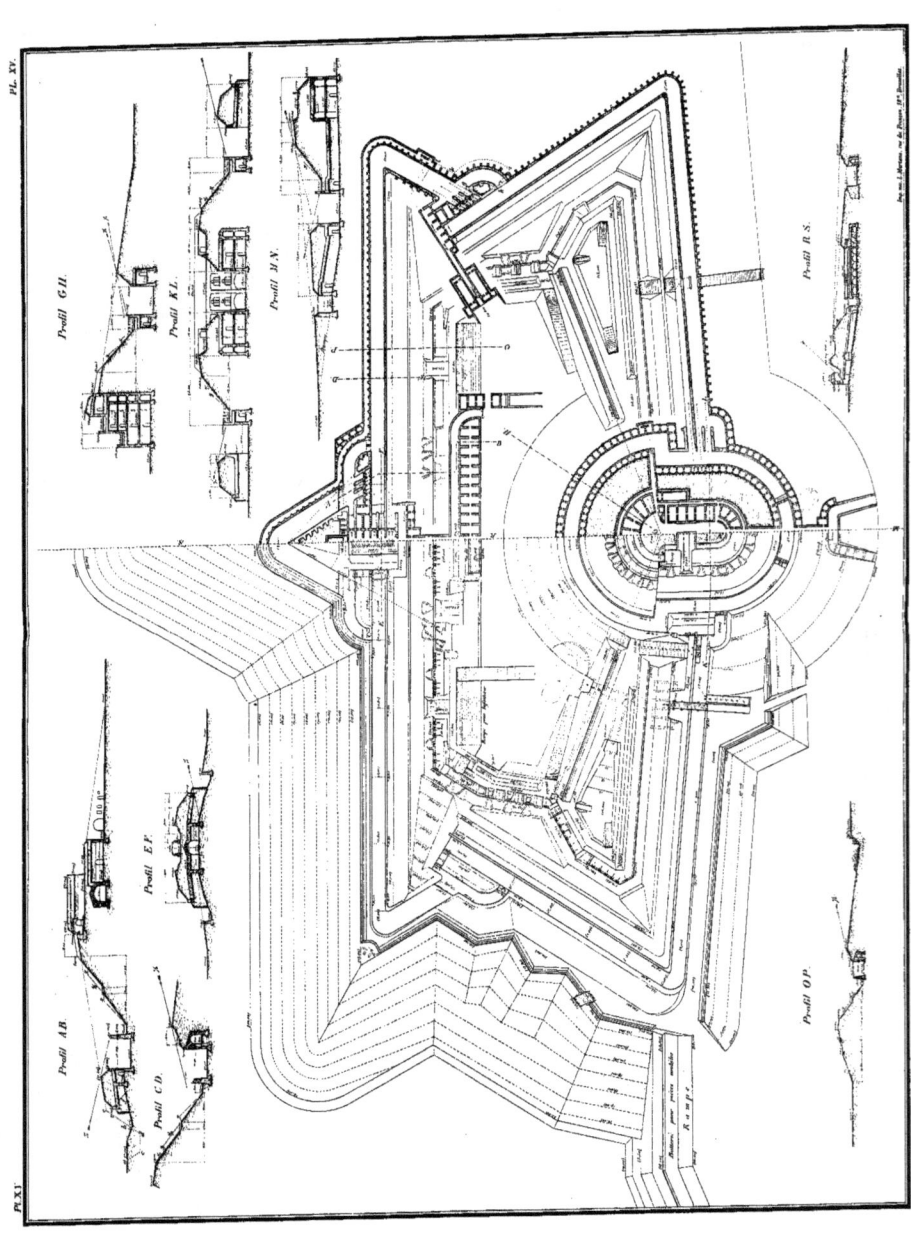

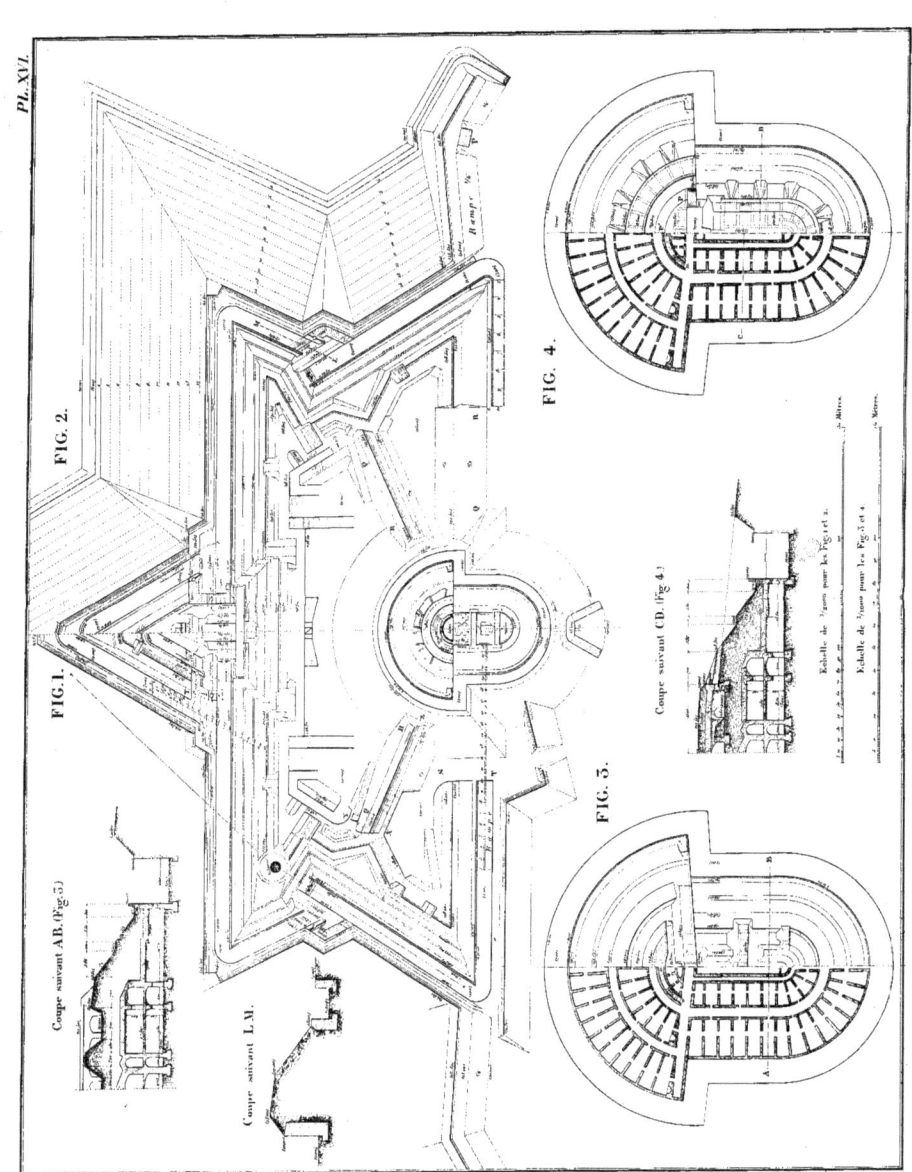

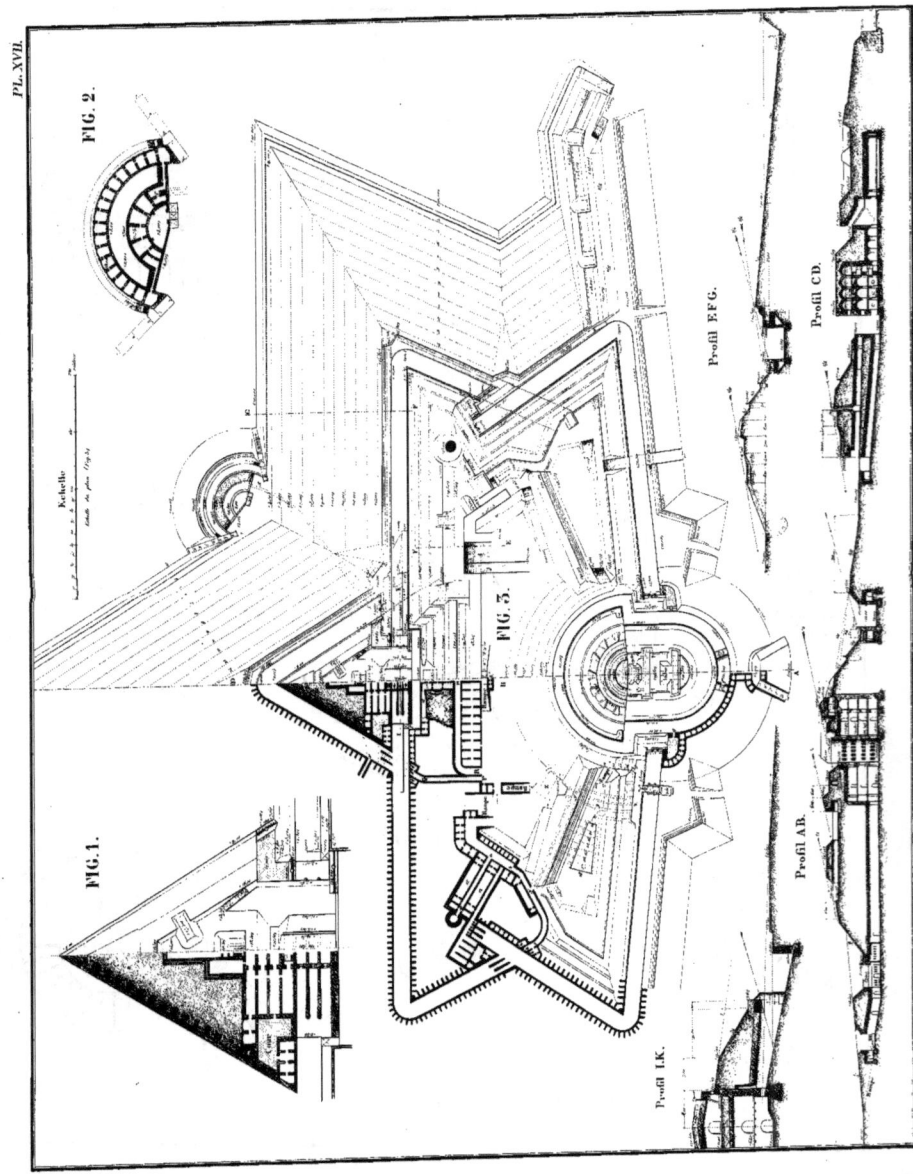

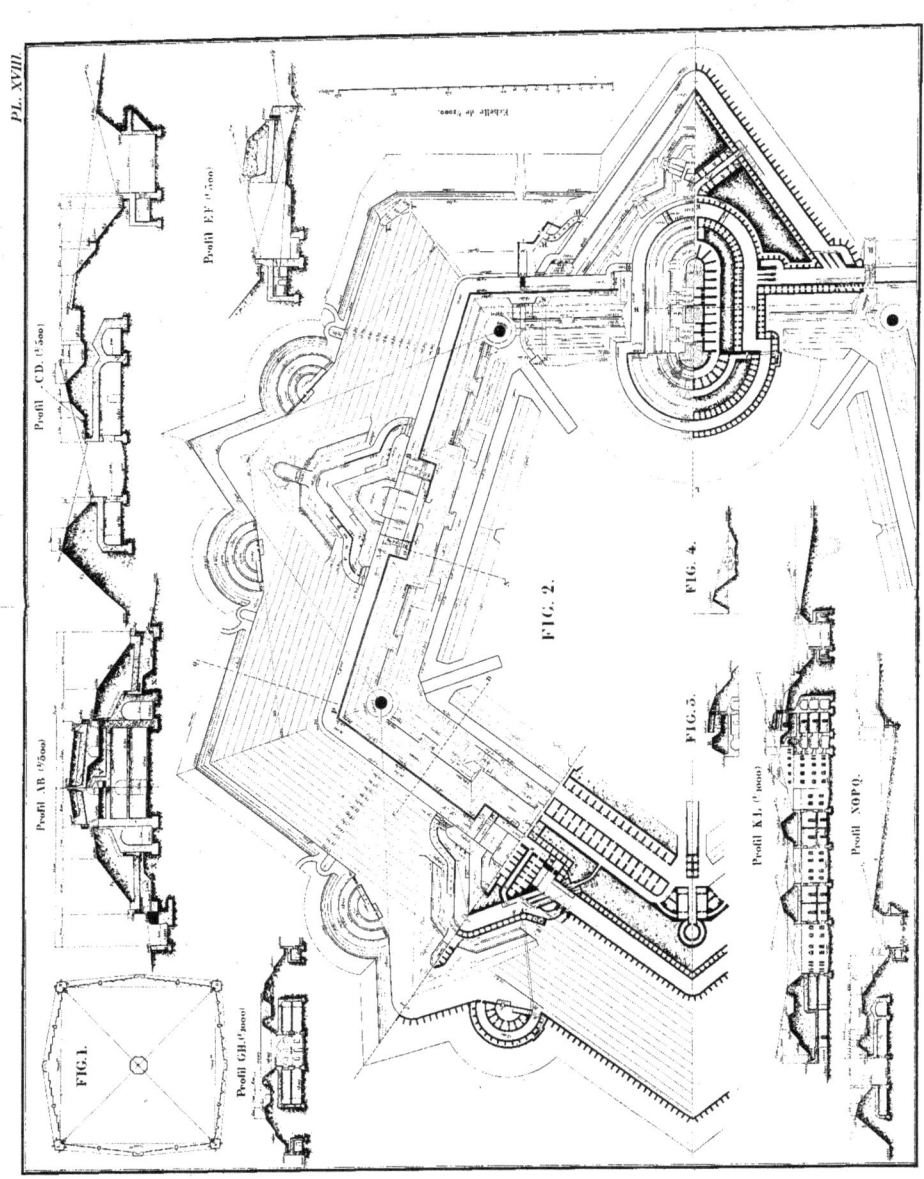

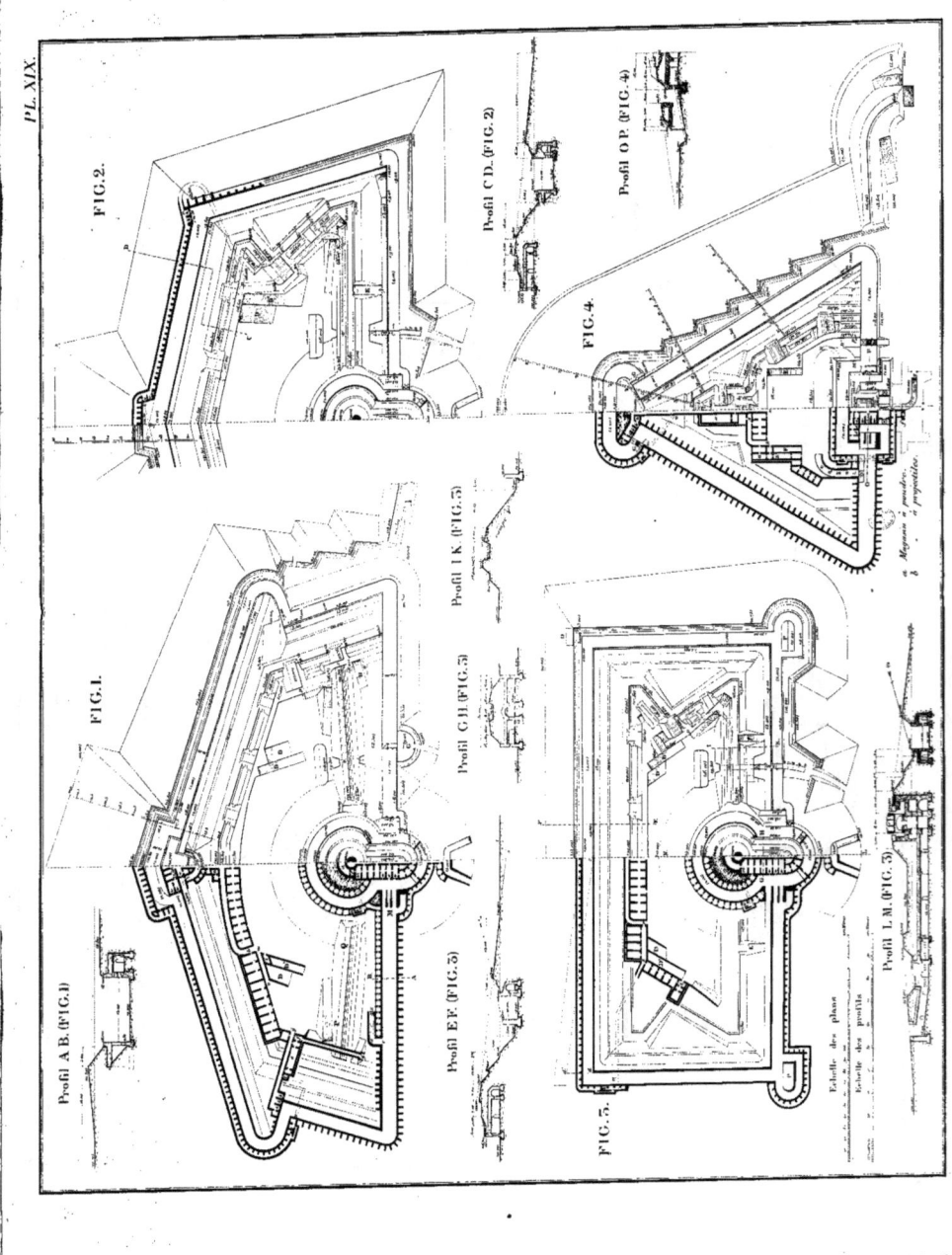

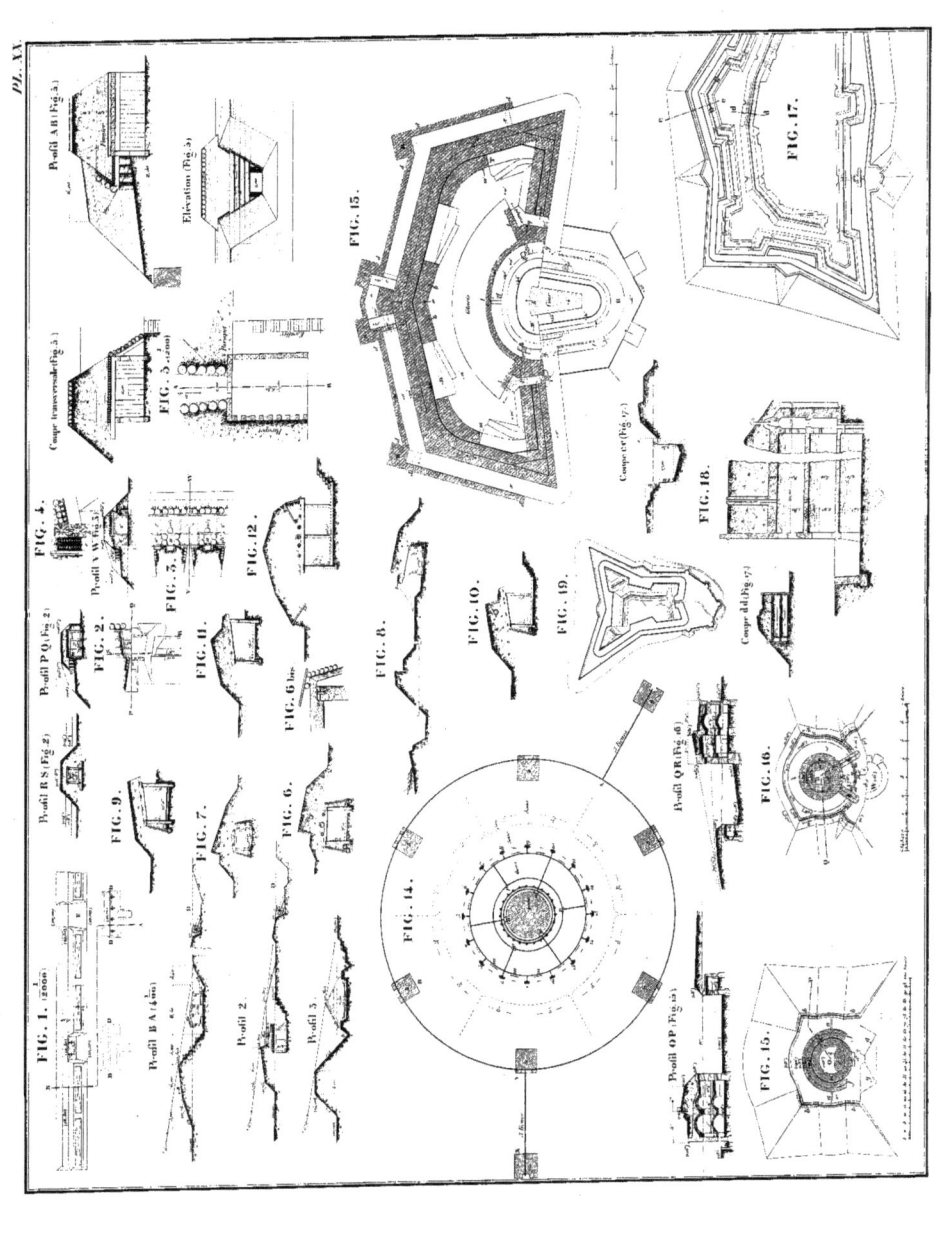

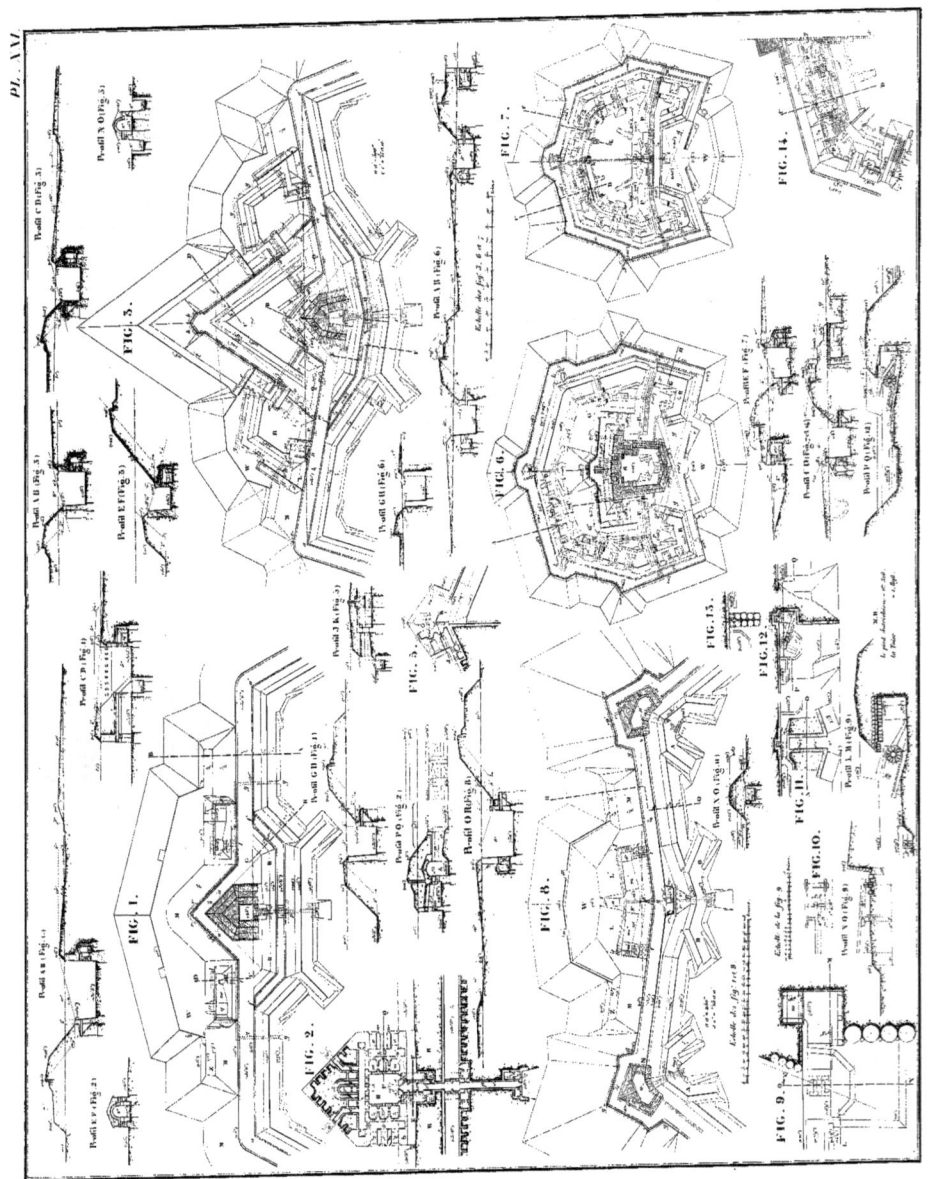

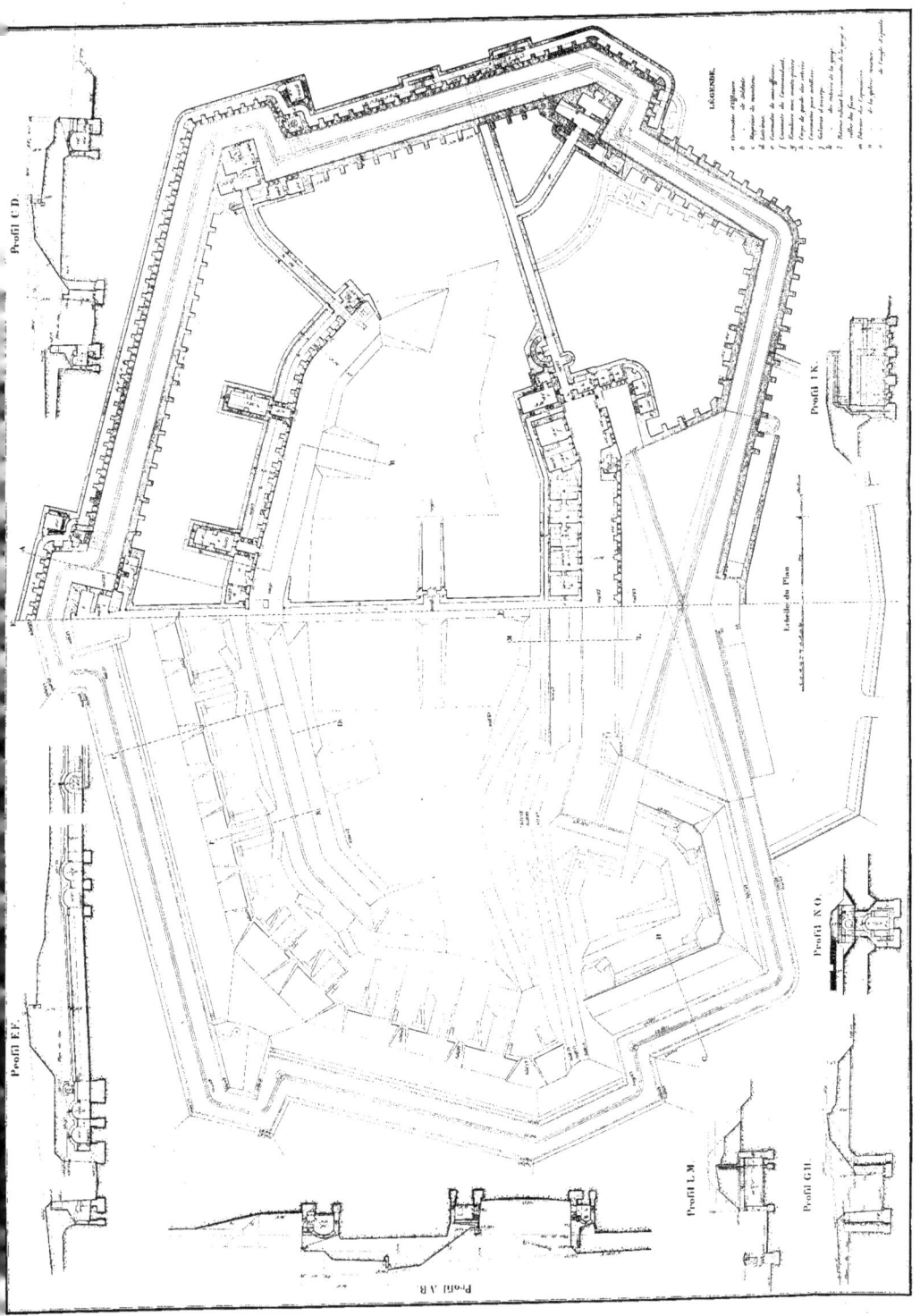

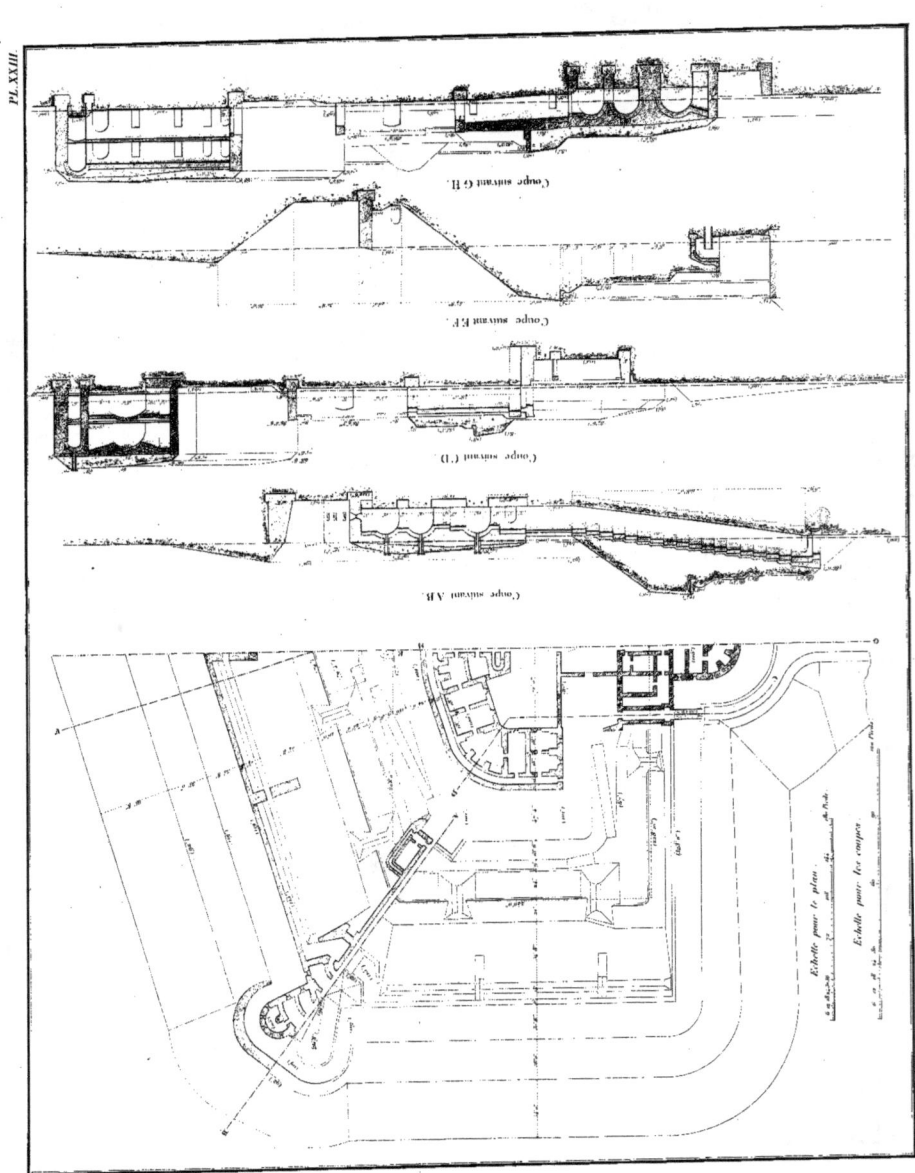

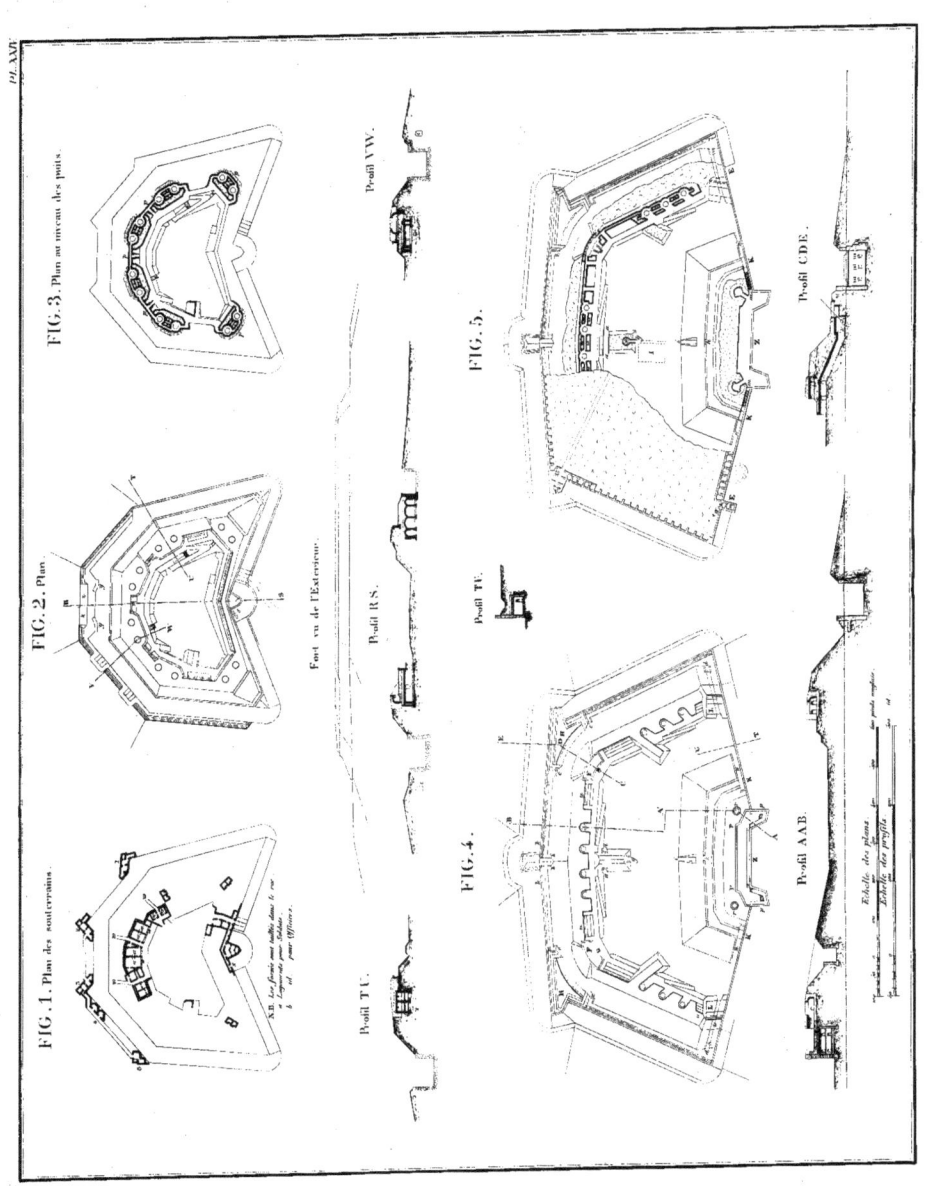

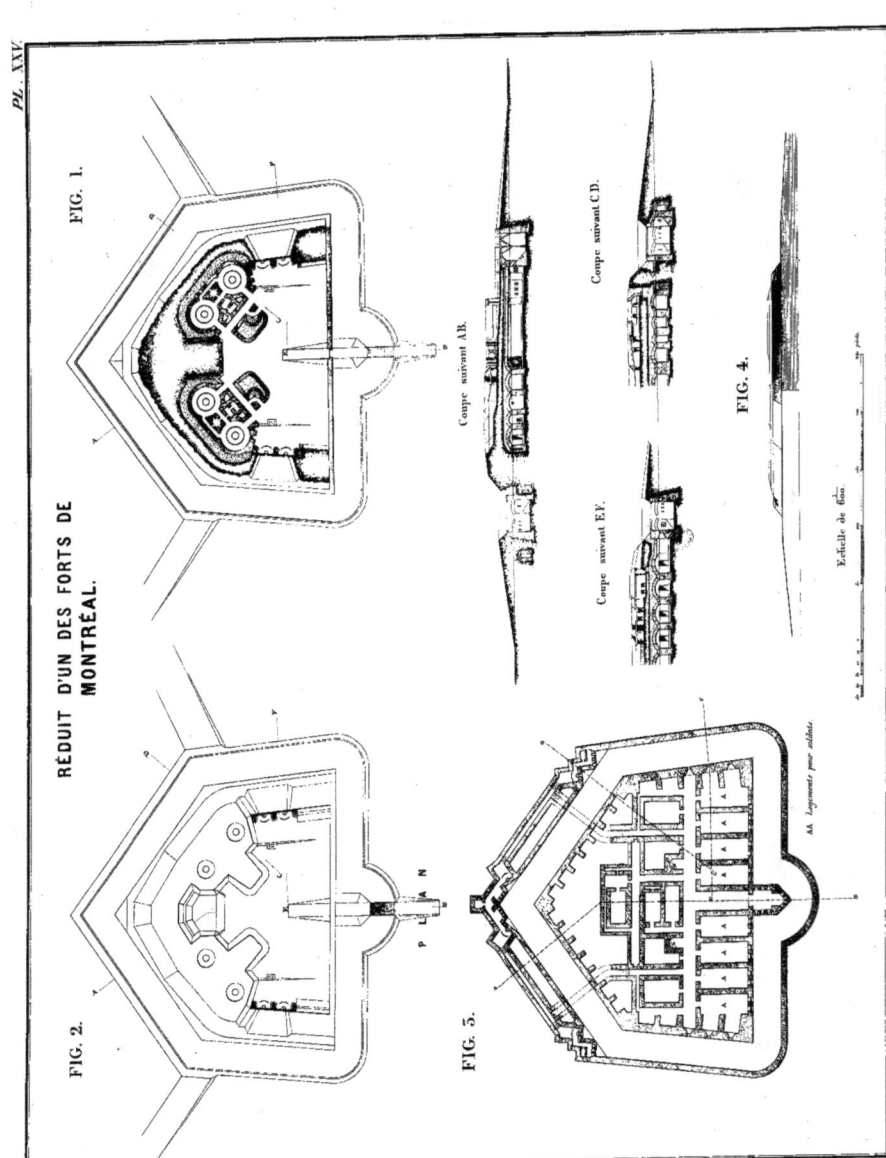

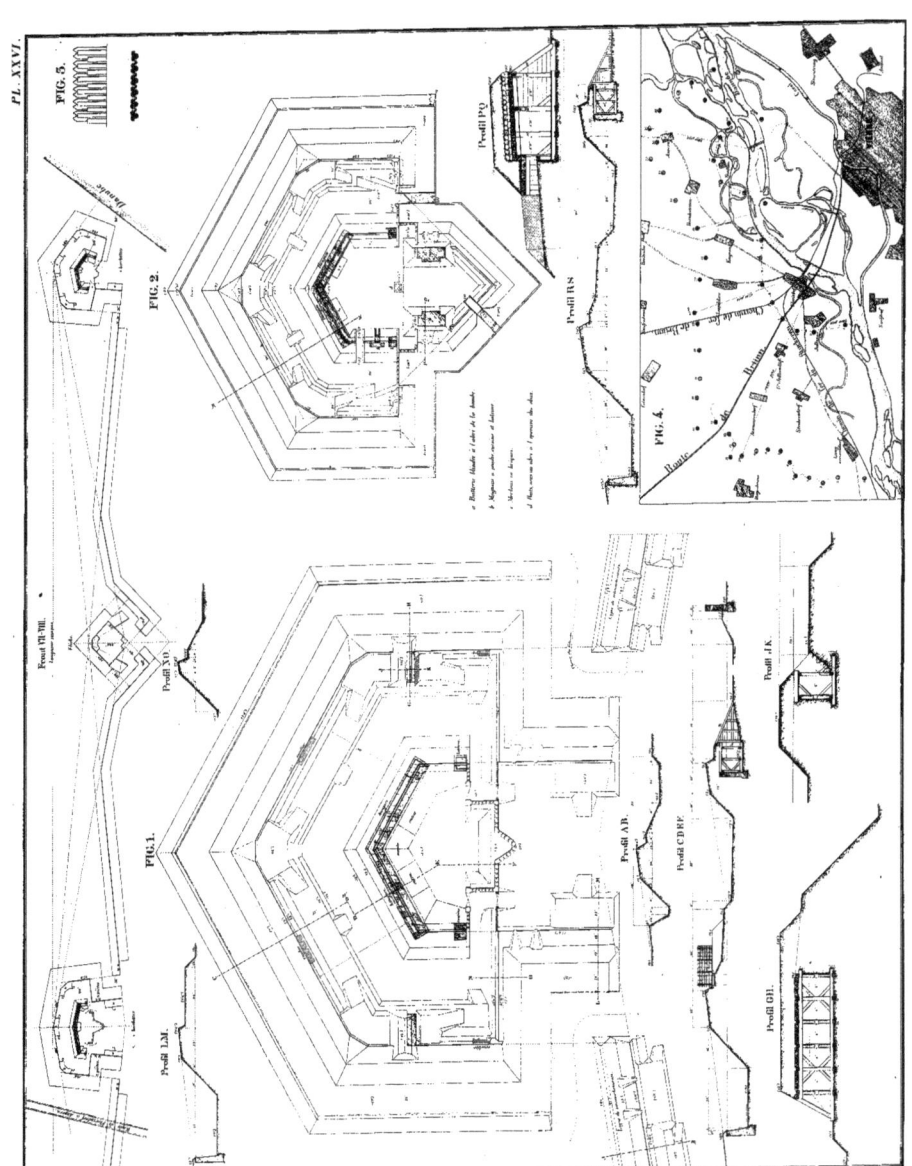

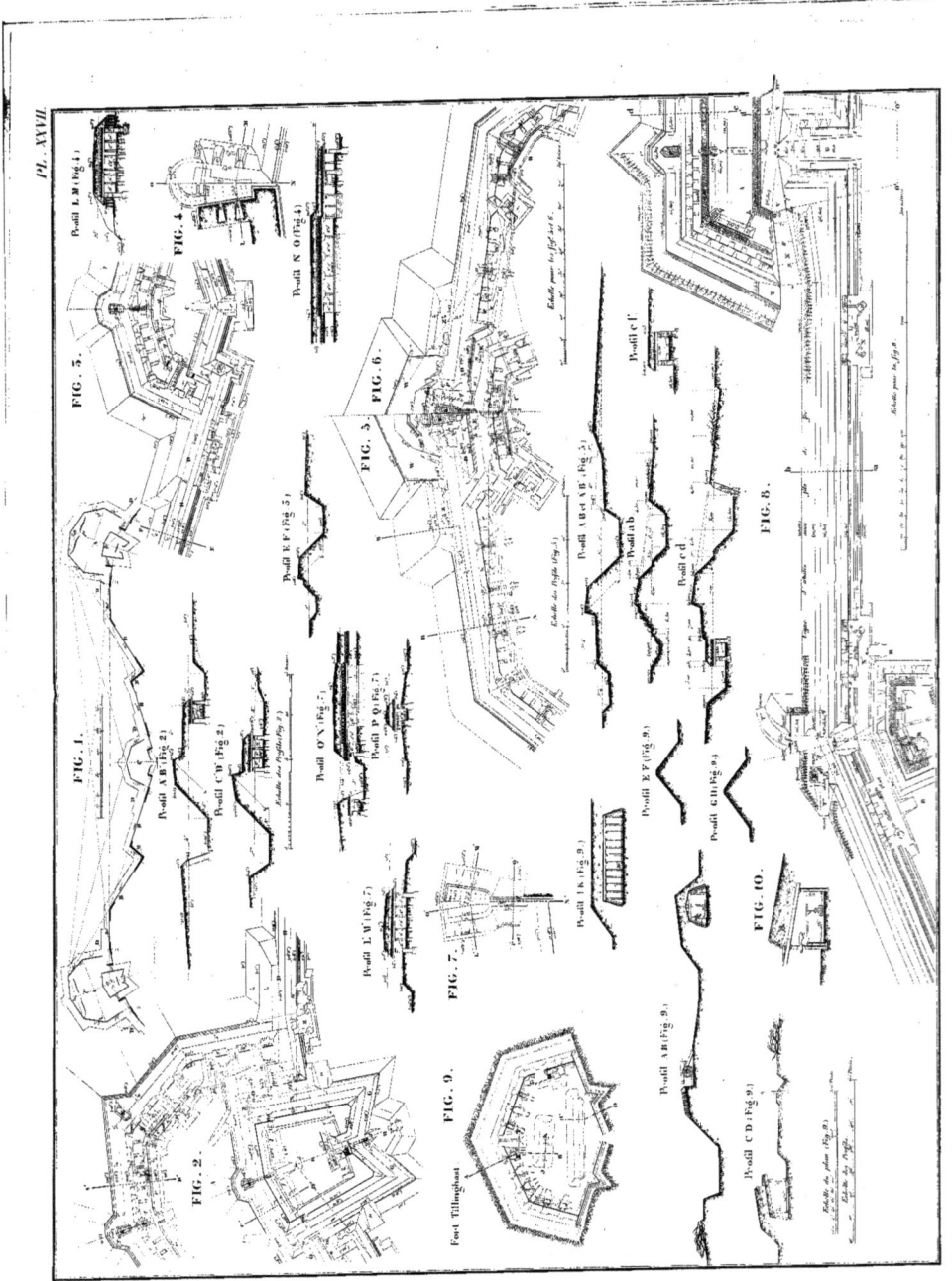

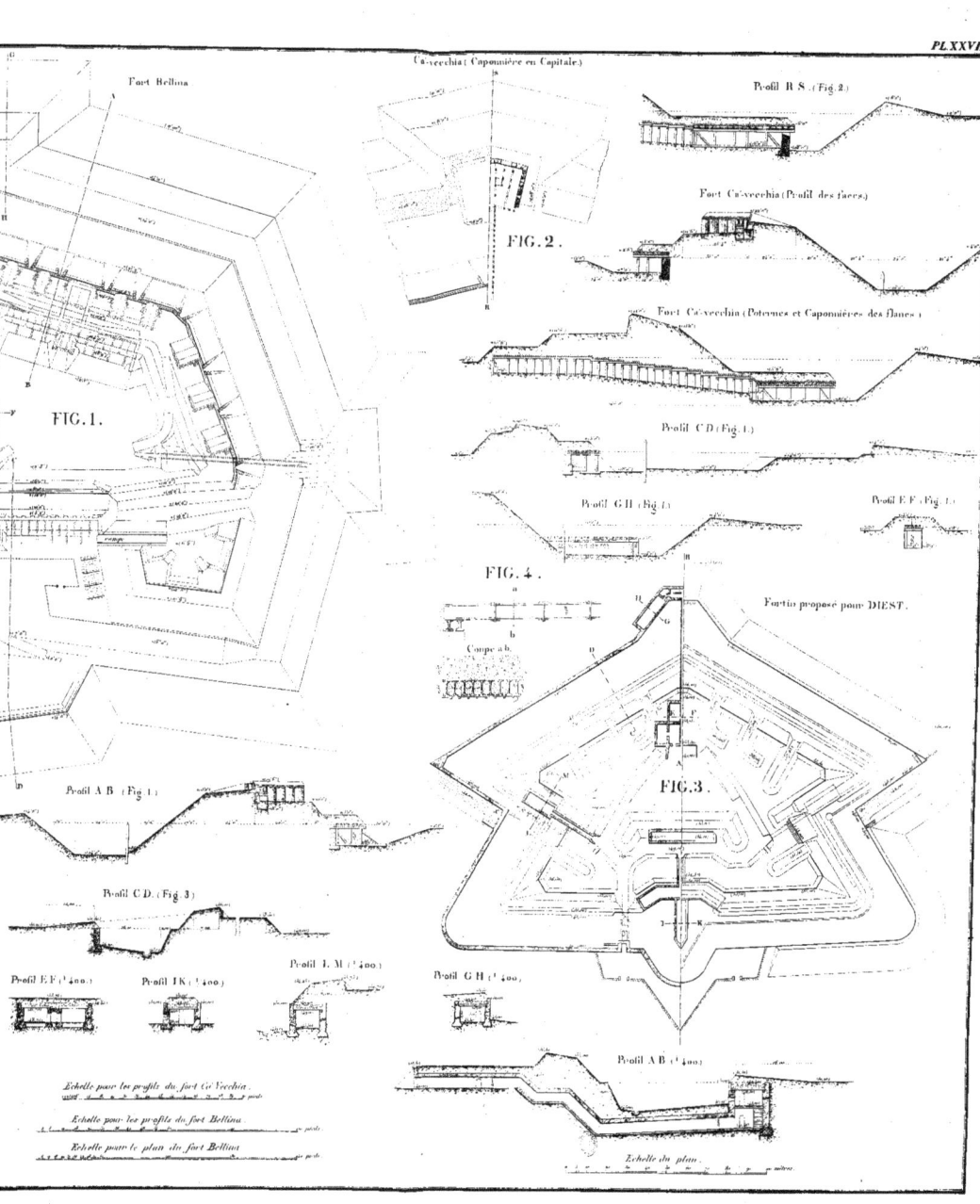

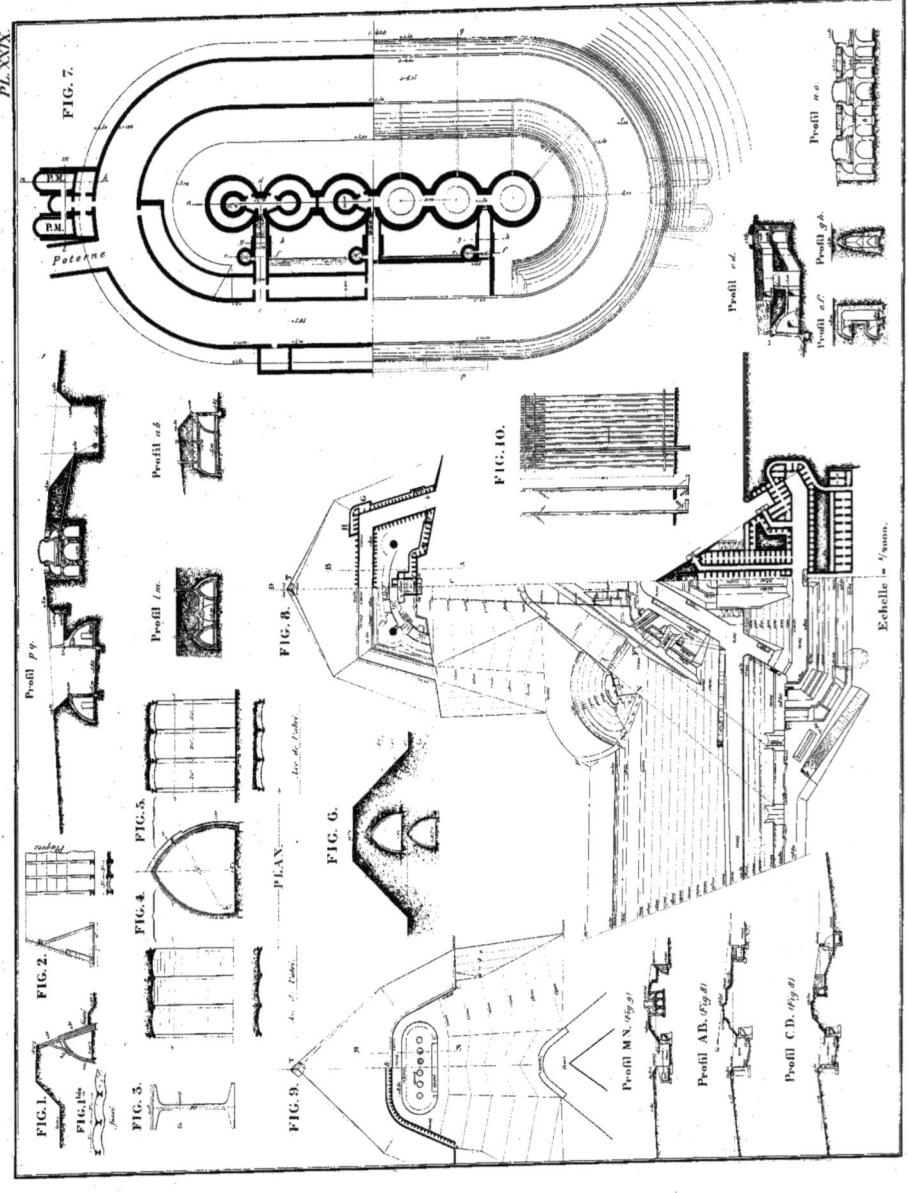

PL. XXX

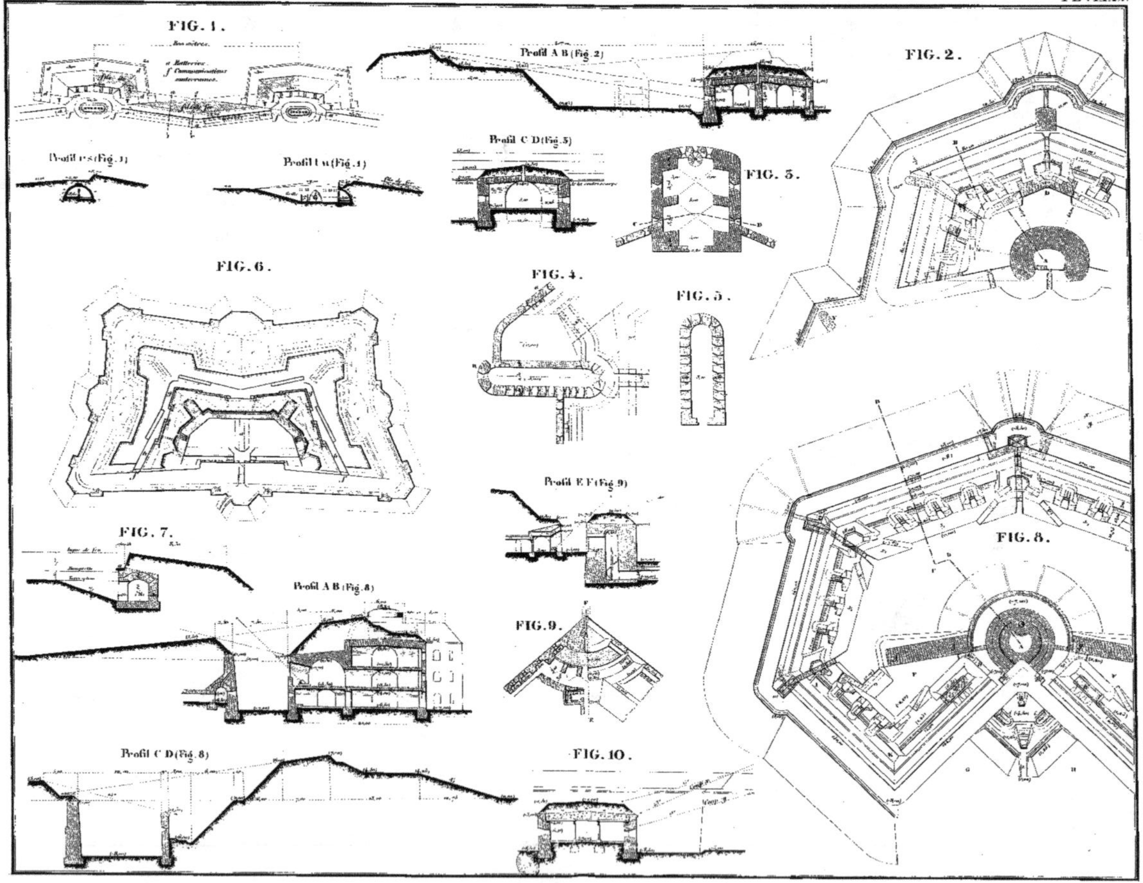
FIG. 1.
a Batteries
f Communications souterraines.
Profil r s (Fig. 1)
Profil t u (Fig. 1)
Profil A B (Fig. 2)
FIG. 2.
Profil C D (Fig. 3)
FIG. 3.
FIG. 6.
FIG. 4.
FIG. 5.
Profil E F (Fig. 9)
FIG. 7.
Profil A B (Fig. 8)
FIG. 8.
FIG. 9.
Profil C D (Fig. 8)
FIG. 10.

Contraste insuffisant
NF Z 43-120-14

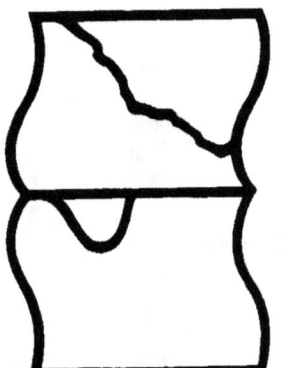

Texte détérioré — reliure défectueuse
NF Z 43-120-11